ANiMaLitOS ANiMALotEs

(prehistóricos)

Maia F. Miret
Ilustraciones de David Lara

el morralito

Miret, Maia F.
   Animalitos. Animalotes (prehistóricos) / Maia F. Miret ; ilus. de
David Lara ; asesoría y rev. científica de Heidi Monroy – México :
Libros del escarabajo, 2008
   36 p. : ilus. ; 28.5 x 26 cm – (Colec. El Morralito)
   ISBN 970-5775-35-4

   1. Animales – Prehistóricos 2. Paleontología 3. Literatura infantil
I. Lara, David, ilus. II. Monroy, Heidi, rev. III. Ser. IV. t.

LC QE 842   Dewey 567 M415a

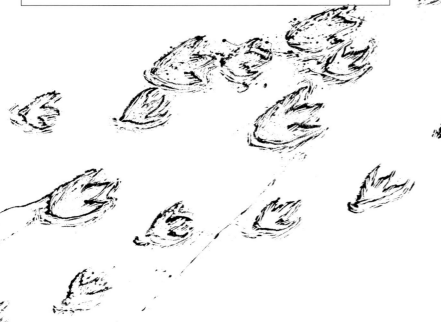

Diseño: La Máquina del Tiempo ®

Asesoría y revisión científica: Heidi Monroy

Primera edición: 2008

D. R. © Libros del escarabajo, S. A de C. V.
Textitlán 21-9, col. Santa Úrsula Xitla,
14420, México, D. F.
Tel. y fax: 55 75 49 89
www.librosdelescarabajo.com
correo@ librosdelescarabajo.com

ISBN: 970-5775-35-4

Impreso en México/Made in Mexico

Índice

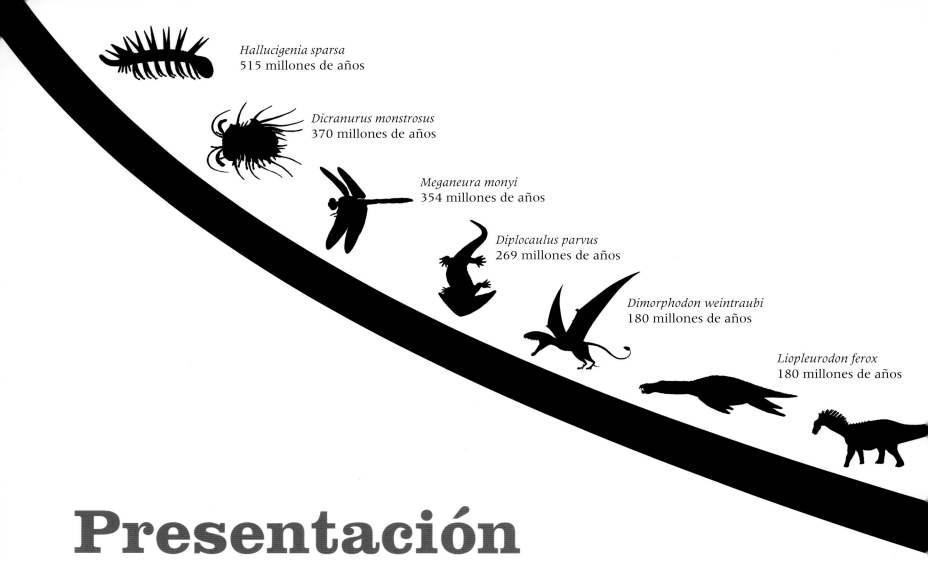

Hallucigenia sparsa
515 millones de años

Dicranurus monstrosus
370 millones de años

Meganeura monyi
354 millones de años

Diplocaulus parvus
269 millones de años

Dimorphodon weintraubi
180 millones de años

Liopleurodon ferox
180 millones de años

Presentación

Cuando leemos un libro de dinosaurios por lo general nos encontramos con feroces reptiles, grandes como una casa y armados con formidables colmillos, garras y espinas. Es verdad que tienen un encanto especial; de hecho, en estas páginas encontrarás algunos de los animales más grandes y terribles que caminaron, nadaron y volaron por nuestro planeta. Pero también existió un ejército de criaturas extrañas y únicas que merecen que se cuente su historia, como la increíble *Hallucigenia*, que trajo a los científicos de cabeza durante muchos años, o *Parapuzosia*, un pariente de los pulpos cuyo caparazón era tan grande como la mesa del comedor.

Otra cosa que te sorprenderá de este libro es que no está ordenado en forma cronológica, sino por tamaño; en vista de que los animales vienen en todas las formas, colores, texturas y tamaños imaginables, nos pareció que éste era un criterio tan bueno como cualquier otro para dar testimonio de la increíble diversidad de la vida en nuestro planeta, incluso de la que se extinguió hace millones de años. En cada página verás el animal (o una parte de él) en tamaño real, y un detalle, ampliado o reducido, que te permitirá apreciarlo en todo su esplendor. Si hay términos que no entiendes, busca el glosario que acompaña cada texto.

La extinción, es decir la desaparición de especies, es un proceso natural: ha ocurrido millones de veces a lo largo de la historia. No siempre sabemos por qué se extinguen los seres vivos; puede deberse a que cambia el lugar en el que viven, a que no pueden conseguir suficiente alimento, a que otra especie ocupa su lugar o a causa de una enfermedad. Hay una excepción: el dodo, con sus 26 millones de años de historia, desapareció en unas pocas décadas tras entrar en contacto con el hombre. Ésa fue una lección muy dura: si no tenemos cuidado, otros seres vivos únicos e irrepetibles pueden desaparecer antes de tiempo.

...gasaurus cazaui
...millones de años

Caudipteryx zoui
120 millones de años

Argentinosaurus huinculensis
99 millones de años

Parapuzosia seppenradensis
99 millones de años

Therizinosaurus cheloniformis
70 millones de años

Raphus cucullatus (dodo)
26 millones de años

Ceratogaulus hatcheri
23 millones de años

Glyptodon clavipes
2.5 millones de años

Macrauchenia
patachonica
2.5 millones de años

Hallucigenia
sparsa

Estos curiosos animales, parientes lejanos de los gusanos modernos, medían entre medio centímetro y tres centímetros de largo y vivían en aguas de hasta 90 metros de profundidad en lo que hoy son las montañas Rocallosas canadienses, al sur de la Columbia Británica. Es muy posible que se alimentaran haciendo pasar agua por sus cuerpos como si fuera un filtro para atrapar animales y plantas microscópicos que flotaban en ella. Caminaban por el fondo marino gracias a varios pares de tentáculos que tal vez terminaban en garras, y usaban las espinas de su dorso para protegerse de sus depredadores. Cuando los paleontólogos descubrieron sus restos fósiles pensaron que caminaban con las espinas y que sus tentáculos miraban hacia arriba, y les pareció tan raro que los bautizaron *Hallucigenia,* que quiere decir algo así como "ser alucinante", aunque luego descubrieron que en realidad era al revés. *Sparsa* significa "disperso". Vivieron hace unos 515 millones de años.

[Tamaño real / escala 1:1]

MICROSCÓPICO: Se llama así a los seres vivos tan pequeños que no pueden observarse sin ayuda de instrumentos como la lupa o el microscopio.

DORSO: Espalda.

DEPREDADORES: Se llama así a los animales que cazan a otros animales para alimentarse.

PALEONTÓLOGOS: Son las personas que se dedican a estudiar los seres vivos que desaparecieron hace mucho tiempo. Su disciplina se llama paleontología.

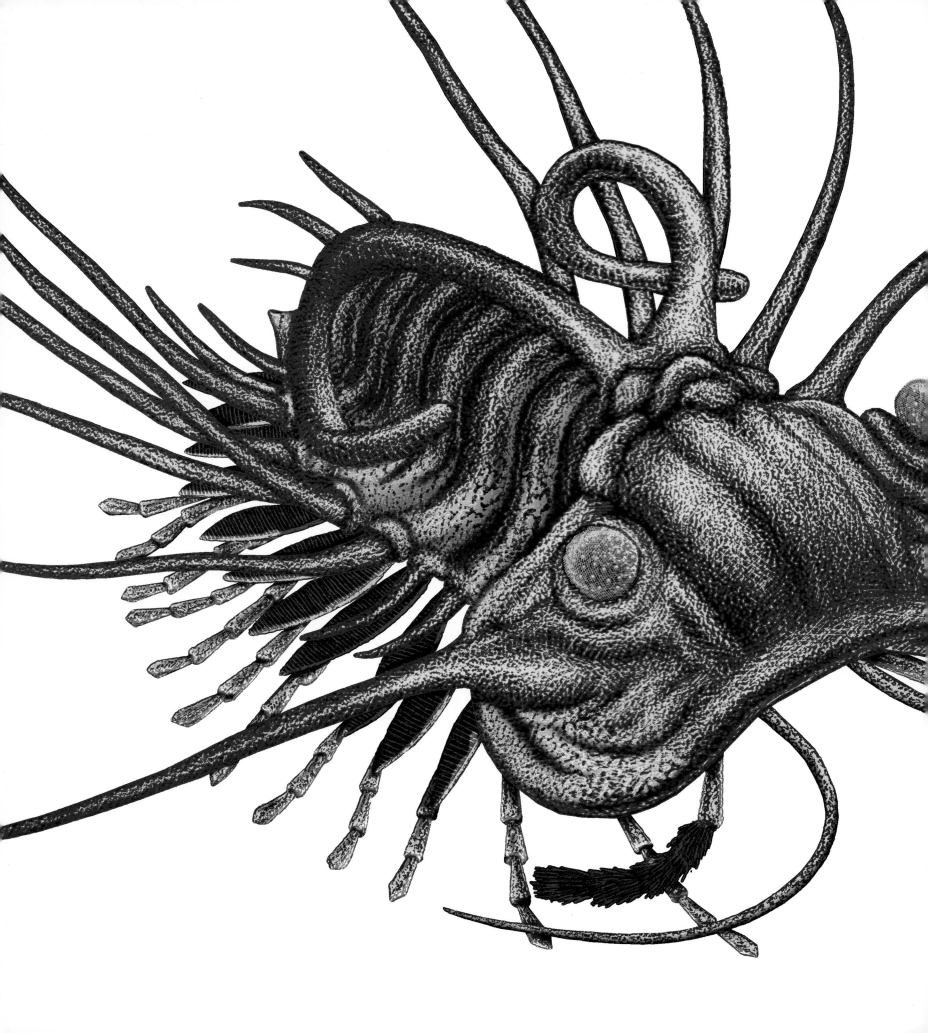

Dicranurus monstrosus

Los trilobites eran un numeroso grupo de artrópodos marinos, parientes de las arañas y los cangrejos herradura modernos. Podían medir desde unos pocos milímetros hasta casi 75 centímetros, y habitaban todos los mares del planeta. Se alimentaban de otros animales, de plancton e incluso de microorganismos que vivían en su cuerpo, llamados simbiontes. Su duro caparazón, formado por piezas articuladas, los protegía de sus depredadores; tenían muchos pares de patas que les permitían nadar y caminar por la arena del fondo. Algunas especies tenían caparazones lisos y sencillos, pero otras, como *Dicranurus monstrosus*, cuyo nombre significa algo así como "dos cuernos monstruosos", poseían toda clase de espinas que seguramente disuadían de comérselos a los feroces depredadores que poblaban los mares. Casi todos los trilobites tenían ojos compuestos como los de las moscas o las libélulas, pero los suyos eran únicos porque estaban hechos de un mineral transparente llamado calcita. Este trilobite vivió hace unos 370 millones de años; se han encontrado restos fósiles en Europa, América del Norte y Australia.

[Tamaño real / escala 1:1]

ARTRÓPODOS: Se llama así a los animales que están cubiertos con un caparazón o esqueleto externo, y cuyos cuerpos están divididos en varias partes unidas entre sí. Los insectos, las arañas, los ciempiés y los cangrejos son artrópodos.

ARTICULADO: Formado por varias secciones o segmentos unidos entre sí.

FÓSILES: Son los restos o huellas de seres vivos extintos que podemos conocer porque se conservaron de alguna manera, por ejemplo en ámbar, hielo o piedra.

PLANCTON: Se llama así a los animales y plantas microscópicos que flotan en el agua de mares y lagos y que constituyen el alimento de muchos animales de mayor tamaño.

OJOS COMPUESTOS: Son ojos formados por muchos segmentos pequeños que se llaman omatidios. Las imágenes que recibe cada uno de ellos se suman en el cerebro del animal para conformar una única imagen.

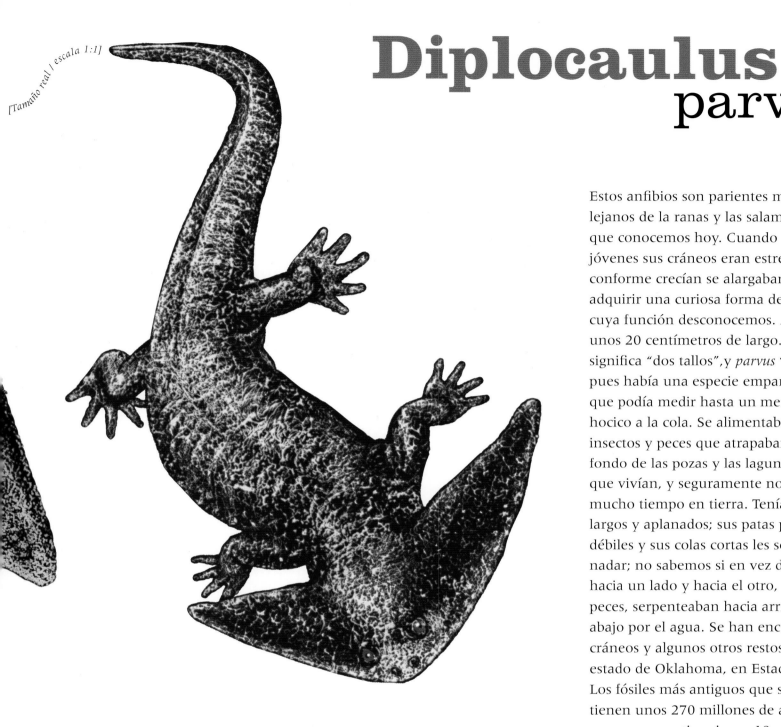

Diplocaulus
parvus

Estos anfibios son parientes muy lejanos de la ranas y las salamandras que conocemos hoy. Cuando eran jóvenes sus cráneos eran estrechos, pero conforme crecían se alargaban hasta adquirir una curiosa forma de búmerang cuya función desconocemos. Medían unos 20 centímetros de largo. *Diplocaulus* significa "dos tallos", y *parvus* "pequeño", pues había una especie emparentada que podía medir hasta un metro del hocico a la cola. Se alimentaban de insectos y peces que atrapaban en el fondo de las pozas y las lagunas en las que vivían, y seguramente no pasaban mucho tiempo en tierra. Tenían cuerpos largos y aplanados; sus patas pequeñas y débiles y sus colas cortas les servían para nadar; no sabemos si en vez de moverse hacia un lado y hacia el otro, como los peces, serpenteaban hacia arriba y hacia abajo por el agua. Se han encontrado cráneos y algunos otros restos en el estado de Oklahoma, en Estados Unidos. Los fósiles más antiguos que se conocen tienen unos 270 millones de años; se cree que se extinguieron 10 millones de años después.

ANFIBIOS: Animales que están adaptados para vivir dentro y fuera del agua.

SERPENTEAR: Avanzar con un movimiento ondulante, parecido al de las serpientes.

Ceratogaulus hatcheri

Hasta donde sabemos, los *Ceratogaulus* (también conocidos como *Epigaulus*) son los únicos roedores con cuernos que han existido. Son parientes de las ardillas y los castores actuales; medían unos 30 centímetros de largo y posiblemente comían lo mismo que otros mamíferos similares, como hierbas y raíces, y tal vez también insectos, arañas, gusanos y larvas. Pasaban gran parte de su tiempo en madrigueras subterráneas, bajo los bosques que ocupaban las enormes planicies centrales de Estados Unidos. Tenían grandes dientes incisivos y garras muy fuertes que sin duda les servían para cavar. Su rasgo más insólito son los dos cuernos que les crecían sobre el hueso de la nariz. La función de estos cuernos es un tema controvertido: algunos paleontólogos han propuesto que servían para cavar —aunque su ubicación lo hace improbable—, o para defenderse de sus depredadores. Tal vez los machos, que tenían cuernos más grandes que las hembras, los usaban para impresionar a sus rivales durante las peleas para conseguir pareja. Aparecieron en el registro fósil hace unos 23 millones de años y se extinguieron hace aproximadamente cinco millones, posiblemente a causa de la desaparición de su hábitat.

ROEDORES: Se llama así a una familia de animales que tiene los dientes frontales muy desarrollados, como las ratas, los ratones, las ardillas y los castores.

MAMÍFEROS: Son un grupo de animales que tienen pelo y que amamantan a sus crías.

EXTINGUIR: Una especie se extingue cuando todos sus miembros mueren sin dejar descendencia.

REGISTRO FÓSIL: Se llama así a todos los fósiles que conocemos.

HÁBITAT: Es el lugar y las condiciones en las que vive una especie.

[Tamaño real / escala 1:1]

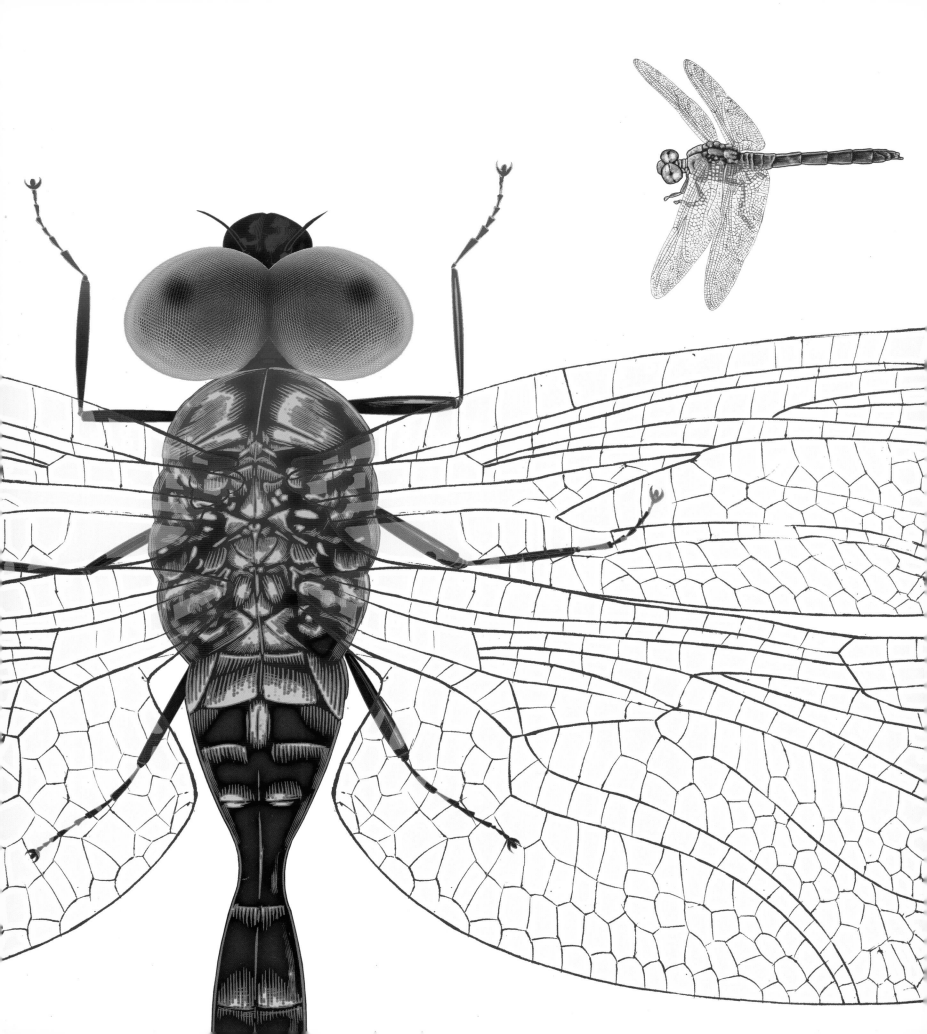

Meganeura
monyi

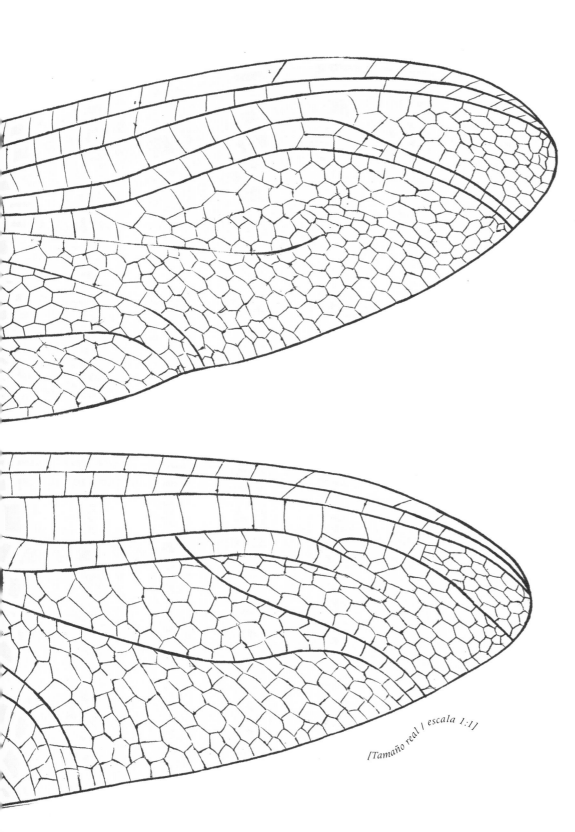

[Tamaño real | escala 1:1]

Estos enormes parientes de las libélulas actuales son los insectos voladores más grandes que han existido, con una envergadura de alas de hasta 75 centímetros. Vivían, igual que las actuales, cerca de ríos, charcas, lagos y lagunas de agua dulce, y se cree que sus larvas también eran feroces depredadores acuáticos. Tenían cuerpos largos y delgados, enormes ojos compuestos y giratorios y mandíbulas muy fuertes que les hacen pensar a los paleontólogos que eran carnívoras y que cazaban insectos y pequeños anfibios. Su nombre significa "de venas grandes", porque sus alas tenían una estructura muy fuerte que les permitía mantener en el aire sus enormes cuerpos. Nadie sabe por qué eran tan grandes, aunque algunas teorías sugieren que vivían en una atmósfera más rica en oxígeno que la de hoy, y que eso les permitía obtener la energía necesaria para volar. Como muchos otros insectos, respiraban a través de pequeñas aberturas llamadas tráqueas que se hallaban a todo lo largo de su cuerpo. Se han encontrado fósiles de *Meganeura* en Francia e Inglaterra; se cree que vivieron entre 354 y 290 millones de años atrás.

Raphus cucullatus

Dodo

Los dodos son parientes de las palomas, pero eran demasiado grandes y pesados para volar. Vivían en los bosques de Mauricio, una isla de origen volcánico que se encuentra en el océano Índico, a 900 kilómetros de Madagascar. Medían hasta un metro de altura, y los adultos más grandes pesaban un poco más de 20 kilos. Tenían patas largas, alas pequeñas, cuello corto y pico largo. Sus plumas eran de color gris y café. Se alimentaban de semillas y frutos, que digerían con ayuda de gastrolitos, y los marineros que los vieron vivos aseguran en sus crónicas que también atrapaban peces. Las hembras hacían un nido sobre el pasto, y allí depositaban un solo huevo; no necesitaban ningún mecanismo de defensa —ni siquiera volar— porque no tenían enemigos naturales. Esto cambió cuando los exploradores portugueses descubrieron la isla, en 1598, y los cazaron por miles para comérselos; eran tan confiados que se convirtieron en presa fácil de los perros, gatos, cerdos y ratas que acompañaron a los colonizadores. El último dodo fue visto en 1662.

Su primer nombre científico fue *Dodus ineptus*, porque los portugueses aseguraban que era un ave lenta y torpe; sin embargo, los científicos que se han ocupado de analizar los esqueletos que todavía se conservan piensan que no lo era tanto. Su nombre actual, *Raphus cucullatus*, significa algo así como "gran encapuchado", probablemente debido a que sus plumas parecían formar una capucha alrededor de la cabeza. Cuando se extinguieron la especie tenía 26 millones de años de antigüedad.

GASTROLITOS: Pequeñas piedras que tragan algunos animales y que se depositan en el estómago o la molleja, una especie de saco que está cerca de éste, para ayudarles a triturar los alimentos.

[Tamaño real / escala 1:1]

Caudipteryx
zoui

Estos misteriosos animales, eslabones evolutivos entre las aves y los dinosaurios, medían un metro de largo y unos 70 cm de alto. Vivían cerca del agua, tal vez en playas o en llanuras que se inundaban periódicamente. Tenían largas patas, brazos cortos, ojos grandes y picos dotados de dientes largos y puntiagudos, y eran buenos corredores. Posiblemente eran omnívoros; en los restos fósiles se han encontrado gastrolitos que les ayudaban a digerir su variada dieta. Son de los pocos dinosaurios emplumados que se conocen, pero no eran capaces de volar. Se supone que las plumas del cuerpo los ayudaban a mantener constante su temperatura interior, y que las de la cola les servían durante el cortejo, para impresionar a las hembras o alejar a los machos rivales. Su nombre significa "cola emplumada de Zou", en honor del viceprimer ministro de China cuando se descubrió el fósil, un gran entusiasta de la investigación científica. Los *Caudipteryx* vivieron hace 120 millones de años en la provincia de Liaoning, en China.

EVOLUTIVO: Se refiere a la evolución, el proceso mediante el cual las especies cambian a lo largo del tiempo.

OMNÍVORO: Se llama así a los animales que pueden comer toda clase de alimentos.

CORTEJO: Es el conjunto de comportamientos que muestran algunos animales cuando buscan pareja, por ejemplo bailar, cantar y dar regalos.

[Tamaño real / escala 1:1]

19

[Tamaño real / escala 1:1]

Dimorphodon
weintraubi

Los dimorphodones pertenecían a un grupo de animales llamados pterosaurios, que significa "lagartos alados". Volaban y planeaban por el aire con sus largas alas, una resistente membrana de piel que se unía al cuarto dedo de la mano, muy largo y delgado. Tenían una envergadura de alas de 1.6 metros, y una gran cabeza de 22 centímetros con grandes ojos. Su nombre significa "dientes de dos formas", porque, al contrario de lo que sucede en casi todos los reptiles, los dientes frontales eran muy grandes, y los posteriores muy pequeños. Su segundo nombre, *weintraubi,* es en honor del profesor Robert Weintraub. Los paleontólogos actuales creen que caminaban apoyándose en las cuatro patas, y que sus grandes garras los hacían buenos trepador de árboles. Vivían en las zonas costeras de Tamaulipas, en México, y se alimentaban de peces e insectos. Vivieron hace unos 180 millones de años.

Parapuzosia
seppenradensis

Estos enormes animales, que pertenecían al grupo de los amonites, llegaban a medir casi tres metros de diámetro. Sus conchas, hechas de calcio, estaban formadas por varias cámaras o cavidades llenas de aire que los ayudaban a flotar; los animales ocupaban la última, e iban construyendo nuevas cavidades conforme crecían. Seguramente no eran muy buenos nadadores, de modo que vivían en el fondo del mar, donde se alimentaban de peces y otros animales marinos. Sus parientes actuales son los pulpos, los calamares y los nautilus, unos animales marinos que se parecen mucho a los amonites. La palabra amonite viene de Amón, una divinidad egipcia que muchas veces se representaba con cabeza de carnero; los bautizó así un historiador griego, Plinio el Viejo, porque las conchas espirales le recordaban los cuernos de esos animales. Su nombre científico, *Parapuzosia*, significa "animal monstruoso" en griego; Seppenrade es la ciudad alemana en la que se encontraron los restos de estos animales. Los primeros fósiles datan de hace uno 100 millones de años; se cree que se extinguieron hace 65 millones de años.

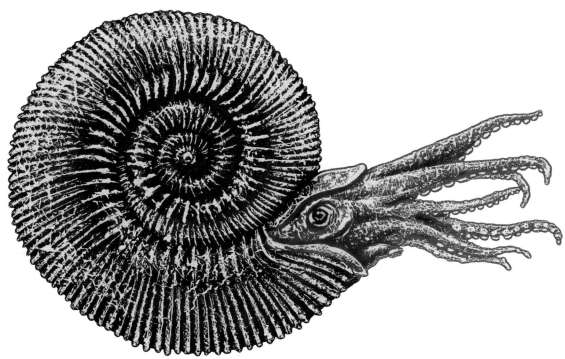

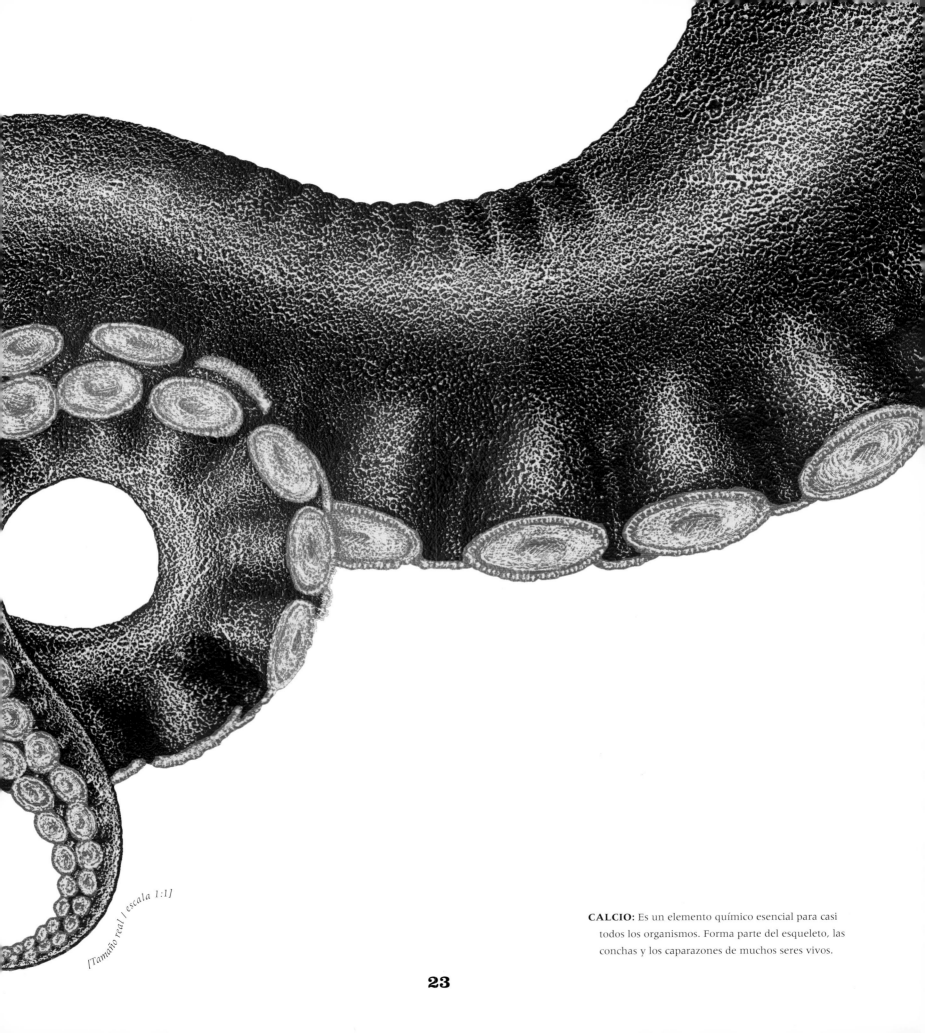

[Tamaño real / escala 1:1]

CALCIO: Es un elemento químico esencial para casi todos los organismos. Forma parte del esqueleto, las conchas y los caparazones de muchos seres vivos.

[Tamaño real / escala 1:1]

CAPARAZÓN: Capa rígida que cubre el cuerpo de algunos animales, como las tortugas y los insectos.

Glyptodon
clavipes

Los gliptodontes, parientes cercanos de los armadillos actuales, eran auténticos acorazados ambulantes. Podían medir hasta 2.5 metros de largo de la cabeza a la cola, y su lomo estaba cubierto por un enorme caparazón esférico de hueso formado por hasta mil placas llamadas osteodermos. No podían retraer la cabeza como las tortugas actuales, pero tenían un duro casco de hueso que los protegía de los depredadores; la cola también estaba cubierta de anillos de hueso. Tenían patas cortas y musculosas con cinco dedos en cada una, y un hocico corto con ocho muelas adaptadas para comer pasto. Vivían cerca de ríos y lagos, y seguramente pasaban el día comiendo y caminando lentamente, pues su tonelada y media de peso les permitía alcanzar una velocidad máxima de un par de kilómetros por hora. Vivieron en toda América del Sur desde unos 2.5 millones de años atrás, y se extinguieron hace 10 mil años. *Glyptodon* significa "diente ranurado", por la curiosa forma de sus muelas, y *clavipes* "pie deforme", porque sus patas tenían una forma muy distinta a la de otros animales similares.

Macrauchenia
patachonica

[Tamaño real | escala 1:1]

Estos animales, que algunas personas describen como la mezcla de un camello, un elefante y una jirafa, no tienen ningún pariente cercano, aunque son primos muy lejanos de los camellos y las llamas (su nombre, de hecho, significa "llama gigante de la patagonia"). Medían dos metros de alto y tres de largo, y pesaban una tonelada y media. Tenían patas largas, cada una con tres dedos con pezuñas, y un cuello largo que seguramente les permitía comer tanto pasto como hojas de los árboles. Por la posición en que se encontraban sus orificios nasales, cerca de la parte alta de la cabeza, los paleontólogos piensan que poseían una trompa corta, parecida a la de los tapires actuales. Vivían en manadas cerca de las márgenes de los lagos y ríos de Argentina, Uruguay, Paraguay, Brasil y Chile; no eran corredores muy rápidos, pero las articulaciones de sus tobillos sugieren que eran muy ágiles y que esquivaban con gran facilidad a los grandes depredadores de la época. Los restos más antiguos tienen 2.5 millones de años, y los más recientes apenas 10 mil, de modo que los humanos seguramente las conocieron. Charles Darwin descubrió el primer esqueleto durante su largo viaje por el mundo.

Therizinosaurus
cheloniformis

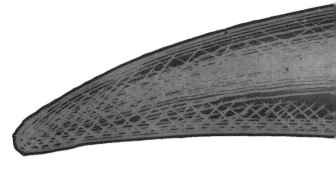

Los *Therizinosaurus* podían alcanzar siete metros de altura. Sus fuertes patas delanteras medían 2.5 metros, y en cada una tenían tres dedos que terminaban en enormes garras de hasta un metro de largo. Las patas traseras tenían cuatro dedos y eran cortas, al igual que la cola. Los paleontólogos creen que tenían el cuello largo y delgado, y una cabeza pequeña rematada por un pico duro, como el de la aves; también es posible que estuvieran cubiertos por plumas primitivas. Vivían en bosques o en planicies cerca de ríos o lagos de lo que hoy es China y Mongolia. No se conocen sus hábitos alimenticios; los dientes que se han encontrado indican que se alimentaban de plantas, aunque hay quien piensa que también comían peces. Tampoco se conoce la función de sus garras; algunos especulan que las usaban para escarbar nidos de termitas, aunque harían falta muchas para alimentar a un animal de seis toneladas, o para cortar hojas. Otros suponen que les servían para defenderse de los depredadores o para pelear con sus rivales durante el cortejo. *Therizinosaurus* significa "lagarto guadaña", y *cheloniformis* "forma de tortuga"; este nombre se debe a que cuando se hallaron los primeros restos se pensó que las garras eran las costillas de una gran tortuga extinta. Vivió de 70 a 65 millones de años atrás.

PRIMITIVO: Que se refiere a los orígenes de algo.
GUADAÑA: Hoja larga y curva que se usa para cortar granos.

[Tamaño real / escala 1:1]

Amargasaurus
cazaui

Los *Amargasaurus* medían diez metros de largo y cuatro metros de alto, y pesaban ocho toneladas. Vivían en las grandes planicies de la Patagonia, en Argentina. Su rasgo más llamativo y extraño son las largas espinas dobles que tenían sobre la cabeza, el cuello y parte del lomo, y que medían hasta 80 centímetros. Sus patas delanteras eran más cortas que las traseras, lo que indica que se movían lentamente. Tenían una cabeza pequeña y una cola larga. No se sabe con certeza qué función cumplían las espinas, que eran prolongaciones de las vértebras, pero existen diversas teorías. Algunas dicen que servían para defenderse de los depredadores o para impresionar a los machos rivales durante el cortejo; otras sostienen que estaban cubiertas por una membrana que permitía que el animal regulara su temperatura. Los *Amargasaurus* tenían dientes planos, útiles para arrancar hojas, lo cual indica que eran herbívoros y que no masticaban su alimento, de modo que es posible que tuvieran gastrolitos para hacer el trabajo. *Amargasaurus* quiere decir "lagarto de Amarga", porque La Amarga es el yacimiento en el que fueron encontrados los primeros restos; el nombre de la especie, *cazaui*, es en honor de Luis Cazau, uno de los primeros exploradores del lugar. Los *Amargasaurus* debieron tener vidas muy largas, tal vez de cien años. Caminaron por el planeta hace unos 120 millones de años.

[Tamaño real / escala 1:1]

Liopleurodon
ferox

Los *Liopleurodon* eran plesiosaurios, es decir reptiles marinos. No se sabe con certeza de qué tamaño eran; los cálculos conservadores arrojan unos siete metros de largo, y los más aventurados hasta 23. Incluso si alcanzaban un promedio de sólo 15 metros, estaban entre los depredadores más grandes y feroces que han existido. Tenían cuatro largas aletas,

un cuerpo musculoso y un cuello corto que los hacían nadadores muy ágiles y veloces, y podían sumergirse a grandes profundidades. Se alimentaba de toda clase de peces y reptiles, que cazaban con ayuda de su aguda visión. Sus mandíbulas medían casi dos metros de largo y estaban provistas de dientes lisos y filosos que podían medir hasta

30 centímetros de largo; a ellos deben su nombre: *liopleurodon* significa "dientes de caras lisas". *Ferox*, naturalmente, hace referencia a su carácter de depredador. Se cree que, igual que algunos animales actuales, eran ovovivíparos, es decir que los embriones se desarrollaban en huevos que la madre conservaba dentro de su cuerpo hasta que salían las crías.

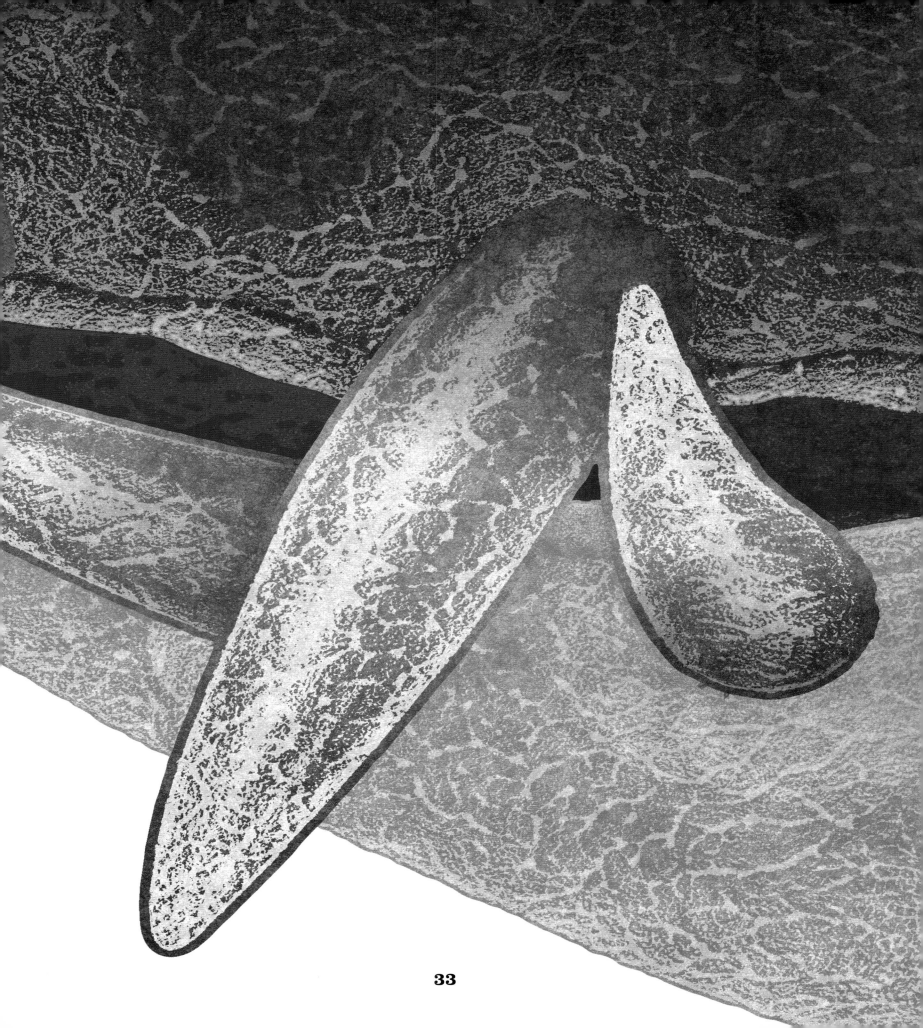

Argentinosaurus
huinculensis

Hasta donde sabemos, los *Argentinosaurus* son los animales más grandes que han vivido en nuestro planeta. Medían hasta 40 metros de largo del hocico a la punta de la cola, y pesaban entre 80 y 100 toneladas. Sus cuellos medían unos 12 metros, y estaban rematados por una cabeza pequeña y de forma triangular. A diferencia de algunos de sus parientes saurópodos, seguramente no podían levantar demasiado la cabeza, y la mantenían paralela al suelo. La forma de sus vértebras, que llegaban a medir hasta un metro y medio de diámetro, les permitía entrelazarse entre sí para soportar su enorme peso, y contaban con refuerzos que le daban movilidad a la columna; los huesos eran muy porosos, lo que los hacía ligeros y resistentes para que los animales no se derrumbaran bajo su propio peso cuando caminaban a una velocidad máxima de unos diez kilómetros por hora. Vivían en las grandes planicies húmedas de la Patagonia argentina, y devoraban toneladas de vegetación todos los días; se calcula que en algunas épocas de sus vidas podían aumentar hasta 50 kilogramos de peso en un solo día. Seguramente tenían vidas muy largas, que les permitían crecer durante muchos años hasta alcanzar ese enorme tamaño. Su nombre se debe a que los primeros restos se encontraron en el yacimiento de Plaza Huincul, en Argentina. Vivieron hace 99 a 93 millones de años.

SAURÓPODO: Se llama así a un grupo de grandes dinosaurios herbívoros, de cuellos y colas largas y cuatro patas cortas y robustas.

El *scratch* es una técnica de ilustración en blanco y
negro; en inglés la palabra significa rascar o esgrafiar.
Para hacer un *scratch* se cubre una placa de estireno,
un material plástico blando, con pintura acrílica negra.
Luego se transfiere un dibujo a la placa con papel calca
amarillo o blanco, o se dibuja directamente sobre ella
con un lápiz blanco. Con las mismas herramientas que
se usan para hacer grabado en linóleo o madera se raspa
entonces la pintura negra, dejando al descubierto los
contornos y las texturas de la imagen. Es muy parecido
al ejercicio de dibujo con crayolas y tinta china que
algunos hicimos en la primaria. En este libro el color se
aplicó de forma digital en la computadora.

Aquí puedes ver algunas de las etapas de esta técnica.

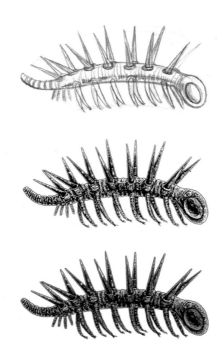

Animalitos. Animalotes (prehistóricos) •••• ⬡ •••• Se terminó de imprimir en agosto de 2008 ••• ⬡ ••• en los talleres de Impresora y Encuadernadora Progreso, S. A. de C. V., Calzada San Lorenzo 244, 09830, México, D. F. •••• El tiraje fue de 1000 ejemplares.